Kim Hyo-Joong

시인 김효중

빛보래 허공을 찢고

김효중 시집

빛보래 허공을 찢고

시학
Poetics

■ 시인의 말

시를 창작하고 이해하는 문제는 어느 정도 문화적 취향에 관련된다. 그래서 시 속에는 시인 개인의 문화적 취향과 욕구가 반영되게 마련이다. 그런데, 시는 취향 이상의 보편적인 가치 척도가 있어야 한다고 본다. 요즈음 급변하는 시대에 이러한 생각은 시대착오적인 것이 될 수도 있겠지만 시간이 흐를수록 더욱 확고해진다.

이와 같은 나의 시적 경향을 반영한 시편들을 모아 네 번째 시집을 내게 되었다. 세상에 내놓기 부끄럽기 짝이 없지만 금년이 나의 고희가 되는 해여서 가족들에게 작은 사랑의 징표로서 이 시집을 바친다.

2013년 겨울

김효중

차 례

제1부

제2부

제3부

제4부

제1부

시는

속가슴에 꽂히는 화살이라네
흐트러진 삶의 불향기 모듬은

후회

누구나 후회한다
그러나 후회는
한발 늦은 느림보라네

채움

밝음은
어둠의 비움이 아니고
밝음의 채움이듯이
비움은
지혜의 채움이라네

결혼은

해도 밑지고 안 해도 남는 것 없다네
그러나
재수대가리만 있다면 대박 터진다네

큐피드의 화살

시위를 떠난 불잉글 화살
그리움을 쏘려나
마지막 한 발의 가슴 파도보래
우주는 닫히고 심장은 멈춘다

티무르 왕은

스승의 묘를 자신의 것보다 크다맣게
만들어 모시라고 했는데
요즈막 매 맞는 스승님들
생명줄이 포도청이라고 하지만

고독은

영혼의 벗이다

황무지

사람 사는 삶터에
아름참의 새싹이
엄돗지 않는
황무지가 있다네
시詩가 없는

입술이 보살

말 한마디로
천냥 빚 갚는다네

깨어져도

금은
깨어져도
금이지만

사랑은
깨어지면
증오라네

한 방울의 물

천리 길도 한 걸음부터라지
마지막 한 방울의 물이
망망대해도 넘치게 한다네

세상에서 가장 무선 것은

가슴파도 무여지는
가시밭 가난고개라네
처음엔 살고 싶어 발버둥
나중엔 죽고 싶어 몸부림질

푸른 세상

온다네
마음만
비우면

보이는 것은

멈추어서 보이는 것이 아니라
보이니까 멈춘다네

마음만 비운다면

시궁치에 벙그는 연꽃도
저렇게
실겹고 고르로운데

풍진세상 사람들의 영혼
얼마나
의초롭고 헌걸찰가

영혼의 얼뿌리

정수기淨水器는
탁한 물을 정화수井華水로 만들고
시詩는
쉬어진 영혼에 얼뿌리 움피우고

나를 버리면

온 우주가
꽃이고
희망이고
기쁨인 것을

마음 아픔은

아픔이 아니고
느낌이라네
아픔밭 슬픔씨
느낌에서 엄돗고

우정은

끊임없이 흐르는 맑은 강물이라네
가까이 있는 친구들을 비판하고
멀리 있는 친구에게 존경과 사랑을 보내고

비움은

비우는 것이 아니라
나 안에 있는
참나를
찾는 것이라네

눈물

주체할 수 없는 무한아름 사랑
눈물로만 녹아내린다네

삶 · 1

쉬어진 꽃 벙글게 할 수 없고
흘러간 물로 물레방아
다시 돌릴 수 없다네
우리의 삶도!

삶 · 2

삶은 사랑의 준말이고
행복의 또 다른 말이라네

행복 · 1

스쳐 가는 행복은
꿀물 같지만
무한아름 행복은
정화수井華水 같다네

행복 · 2

바래움 없는 희생
미래의 확신을
동반하지 않는 행복은
참행복이 아니라네

걸레는

드라이클리닝 해도 걸레라네

껍지만 벗기면

나비 애벌레는 아름다운 나비가 되지만
명사들은 외면보살이 된다네

인도는 · 1

창조적 카오스가
절묘한 하모니를
이루고 있는 곳이라네

인도는 · 2

발길 닿는 곳마다
생빛 파노라마
펼쳐지는 곳이고

내 탓이오

나를 낮추면
마음귀 열리고
마음눈 뜬다네

무등등無等等 행복은

영혼이 깊깔은
고독 속에서
찾아야 한다네

깨달음은

나를 잊고 나를 찾는 것이라네

가슴밭에

꽂힌 그 한마디
말에는 씨가 있다네
고운 말씨 고운 열매
나쁜 말씨 나쁜 열매

부부 사랑은

시간꽃 피우고 젖은 가슴으로
서로서로를 기려워해야 한다네

참나

물속에 빠져야
물이 보이고

삼매에 빠져야
참나가 보이고

제2부

마음귀 활짝 열어

하늘악기 무한천공 메우고
영혼 담은 무궁 가락 한껏 띄우니
우주의 춤사위 장엄하게 펼쳐지누나

소리들의 축제에 마음귀 활짝 열어
무직한 비구름 떼 말끔 걷히고
색바람에 생명길 트여 오네

소소리바람 생명바다 노을 위에
함성으로 번져 허이연 영혼들
생금생금 빛살아기로 태어난다

---

* 악성 베토벤에게.

본래면목本來面目 대북 소리

귀 없는 악성樂聖 베토벤 마음귀에 우레 친다
알레그로 콘 브리오 음표들이 뚜벅뚜벅 행진한다
불수레 하늘에 꽃구름 피우니
썰멍한 마음덩이 신음 소리 조마롭고
장송행진 영웅의 꽃상여 대북 소리 생가슴 후려친다

불폭풍 사라지고 환희의 신운神韻 허공에서 놀치는데
싸움터 승리의 춤사위 오케스트라 바다물결
환희심 절정에 이르러 고조곤한 선율 어우러지는
자유의 기수 보나파르트 나폴레옹
베토벤의 본래면목本來面目 화산으로 솟구치는구나

---

* 베토벤의 〈영웅교향곡〉에 부쳐.

가슴악기 후려때리고

스페인 무희의 붉은 옷자락 사이로
아롱다리 비쳐는 아랑후에스 궁전
기타가 이슷이 걸어나오자
갈마드는 음악의 소슬한 수풀이 펼쳐진다

하프가 설거퍼 날개 퍼득이면
보첼리의 목마친 흐느낌
로드리고 가슴악기 후려때린다

닫혔지만 열려 있는 가슴창 너머
슬픔은 가거라 바람 따라
첫아이 유산한 아내 밤드리 부둥켜안고
소름우는 기도가 구름꽃 물고 날아오른다

* 로드리고의 〈아랑후에스 협주곡〉에 부쳐.

물거울 파도보래

호얏불 호롱호롱 밤의 살빛에 까슬린다
템즈 강 물거울엔 파도보래 파슬거리며
호이호이 뱃놀이 훙그러워지는데

찰름거리는 갑판 위엔 호른과 트럼펫 교향시
올오릇한 아리아는 자름자름 피어나고
오보에는 안단테 안단테 선연히 갈마드네

가슴악기 품어내는 꽃잎알 물보래 터치며
사람들 가슴밭에 물향기 분분히 뿜어올리고
음악의 수풀 템즈 강 물결 따라 백결친다

---

* 헨델의 〈수상음악〉에 부쳐.

내 젖은 가슴 등불을 켠다

방 안 가득 파도가 아다지오로 되울림치다가
허공을 찢고 들난이 바람에 비자닌다
엊그제 떠나간 가을의 쓸쓸한 등짝
산비알 벌써 돌아 보이지 않는다

빨가벗은 나무 한 그루 성에꽃에 흔들리는데
맑은 날 모아 놓은 햇살대롱을 제 몸 안으로
끌어내어 움치는 내 젖은 가슴 등불을 켠다
이내 밝고 다숫해진다

* 모차르트 〈바이올린협주곡 3번〉에 부쳐.

하늘교향시 나울친다

카랑카랑 휘뿌리는 꽃불춤
황제의 걸음으로 우줄활활 다와친다
때로는 돌풍이 불어닥쳐도
불굴의 예술혼 타협을 모르네

아다지오 운 포코 무소 잔조로이 흘러
마음귀에 화살짓는 론도 알레그로
애연한 마음 사려잡은 초록 빗발 후려치고
불비늘 하늘마다 천상의 교향시 나울친다

마침내 웅장하고 호쾌하게 펼쳐 나가는 비바체
저 늠름한 기상은 인간정신의 승리인가
가이없는 구원의 팡파르 온누리 울려 퍼진다
베토벤의 〈황제〉는
삶의 축복이어라 영원한 구원이어라

---

* 베토벤의 〈황제〉에 부쳐.

밀밭은 바람을 마구 흔들어

밀밭이 바람을 마구 흔든다
밭이랑 굽굽이 굽이쳐 흔들리는데
까마귀 그 위를 까악까악 날고 있다

오베르 들녘 삶의 찬란한 한 순간
그 너머 숨겨진 핏빛 절규와 격정
밀밭에 웅수리고 있던 죽음의 사신
고흐의 영혼 섬뻑 영원 속으로 솟쳐 오른다

---

* 고흐의 〈까마귀 떼 나는 밀밭〉에 부쳐.

선線이 선線을 만나는 찰나

수직의 폭포가 생명줄을 뛰어내린다

숲속 수직으로 낙하하는
소리 소리의 아우성을
소리없는 물무늬 그리며
날아오르는 새 한 마리
아침 이슬에 목을 축이고 있다

어둠을 밝히는 파랑 노랑 색색가지
아린 가슴 말갛게 씻어 올리니
눈방울로 감지되는 번쩍 섬홀함
꿈꾸는 밤의 날개를 털어 내는 새 아침

빛보래 허공을 찢고

화폭에 펼쳐진 영혼의 세계
소리없는 시詩로 읽는다
성모마리아 구원의 빛바다
아름다움 신비로움으로 다가오는데
신과 인간이 공존하는 푸른 세상
진선미 화살짓는 빛보래 허공을 찢고

* 라파엘의 〈의자의 성모〉에 부쳐.

아버지 품 안으로

집 떠나 종살이 돼지 먹이로
온갖 굶주림 달래고 방황하다
아버지 품으로 가야지!
불산지옥에서 돌아온 아들
아심찬한 아버지 가슴에
얼굴 파묻고 속울음 느껴 운다

우련한 아들 오랜만에
아버지 어머니의 다스운 손결
마음눈 활짝 열리니
훗훗한 온몸 속 세포
알알이 불 켜져 온 세상
그의 것이 되고 있네

시름진 큰아들 좁쌀마음
아버지의 무한사랑 뜨거운 눈물
들을 수 없네
한번도 아버지 뜻을 거스르지 않은

큰아들의 상심한 마음도 어루만져 주소서

몰래몰래 움트는 오관의 쾌락과
우글쩍거리는 탐욕을 뿌럭지째 뽑아
하늘의 불비늘로 태워 주소서
좁은 마음창문 열어 이웃들 보게 하시고
주님의 날개 밑에서 노니는 저를
부디 쬐꼬만 티끌이게 하소서

---

* 상트페테르부르크Sankt Peterburg의 에르미타주 미술관에 소장된 렘브란트의 〈돌아온 탕아〉를 보고서.

풋여린 가슴빛 일렁이고

촛불이 꺼지는 순간
천국의 문이 열리며
가이없는 진리의 순살결 드러난다
천사는 날진한 날애를 펴고

쉬어진 백합꽃 꽃다히 피어나니
순처녀 풋여린 가슴빛 일렁이고
수릇한 마음길 열리며 갑가워라
다시 찾은 고절과 평온 생각꽃 피고

---

* 로베르 캠핑(1375~1444)의 〈메로드 제단화〉 중 수태고지를 보고.

한 풍경이 다른 풍경을 낳고

켜켜이 눈 쌓인 알프스 바위산 플랑드르 고향 언덕에 날아와 알을 품는다 파르롭은 하늘 얼어붙은 호수에 애살프시 내려와 앉는다 상상 속의 무릉도원武陵桃源 먼데 새 한 마리 풍경을 옮겨 가고 검은 나무들 고드름 열린 처마 끝 반쯤 떨어져 나가는 간판들 눈이불 덮은 지붕들이 포시랍다 점점이 얼룩진 눈발 자욱 씀씀한 긴 사냥 끝내고 집으로 돌아가는 사냥꾼들 바싹 야윈 검은 개들 칼바람에 고개를 떨구고 있다 하릇한 들판에선 얼음놀이에 얼싸절싸 온통 잔칫날 마을 사람들의 꽃마음 폴폴하다

* 브뤼헐의 〈눈 속의 사냥군〉에 부쳐.

제3부

허서그픈 선상 호텔에서

— 프라하 몰다우 강에서

돛대 우람한 범선 한 척
반세기 전 화려했던 몸체 퇴락해 가고
등불도 화려했을 선장실 불도 꺼졌네
희뿌연 기둥들 옛 모습 그대로 남아
선원 승객 이미 세상 다 등지고
그 빈 배 지금은 허서그픈 선상호텔이라네

바다난끝까지 누비던 시절 기루며
프라하를 찾는 관광객 맞아들이네
강물은 파도에 시간을 출렁대며
오늘도 유유히 흘러갈 뿐
옛날 그 구름은 머흘머흘
밤밤 고요 몰다우 강물 속에 번져 가네

내 생의 한가운데 서서
— 피렌체의 한 추억

1 지붕이 바람 불어 불을 끈다

산타 트리니타 다리 거기 천국과 지옥의 노래가 돌처 온다 단테가 연연한 베아트리체 인간 사랑으로 온몸 사려잡고 세상의 중심 시노리아 광장에 서면 나 여기 내 생의 한가운데 서 있음을 깨닫는다 석조 건물들 모든 문은 일제히 잠기고 하나의 문이 다시 열릴 때 빛 샘물 새어든다 사람들 주위 온갖 시선이 꽂히는 곳마다 애매로운 암호들 누군가의 해독을 기다린다

2 미켈란젤로 언덕이 생각에 잠긴다

천년 뜬세월 침묵 속에 스쳐 지나가는 낯익은 그곳에 알 수 없는 수수께끼 그 빛은 천재들의 언어인가 그 사이를 비집고 들어와 인간 역사의 새로운 정신이 새 시대의 문을 연다 마사초의 붓끝이 허상을 깨뜨리니

몸 떠는 벌거숭이 인간이 태어나고 낙원에서 추방되는 아담과 이브 사랑의 꿈은 달삭한데 영혼 육신의 죽음이 다가오도다 죽음보다 더 큰 고통 앞에서 세계 상실 코드의 새싹 엄돗아 결별 수용을 반복하다가 마침내 새로움의 조화를 저 엄청난 패러독스를! 피렌체의 천재들이 여기 잠들고 있다

미켈란젤로 광장에서

두꺼운 암흑의 장막을 찢고
르네상스 횃불 퍼언히 집힌
천재들의 땀 냄새 진진하게 그믄
좁은 골목길에는 삶의 불향기
자자히 여운을 남기고

휴머니즘의 요람 예술의 꽃
허공을 향그러이 품어안는다

미켈란젤로 광장에서 바라보는
피렌체는 과거의 발자취가
헤아릴 수 없는 밤하늘
별 냄새처럼 설핏하게 나비치고
과거 현재가 공존하는 피렌체에는

인류 미래를 밝힐 지혜의
불꽃구름이 감사납게 피어오른다

이스탄불 그림자

— 술탄아흐메트 광장 히포드롬에서

오벨리스크 청동 뱀기둥 쉬멋없이 서 있고
그 옛날 영화榮華의 빛바랜 그림자 깃발만 펄럭인다

세계의 중심 길은 이스탄불로 통한다 했던가
보석상자 톱카프 궁전 하렘에서는 시든
꽃숭어리 깡마른 향깃함만 가느슥히 어른거린다

벨리댄서의 가슴을 타고 흐르는 젖은 땀 기운
황홀경 속에서 성그러운 수도사들의
에도는 수피 춤사위로 머루밤만 깊어 가고

어슴새벽 되울림치는 수도승의 기도 소리
보스포루스 해협의 물결 되질하며 잠재우니
세월하고 비단길 대상들의 속삭임만 들려온다

가르다 호숫가에서

해뜰랑

동틀녘 조요조요 안개비 흩날리고

풀잎바람에 머흘으니

물나래 며늣이

하늘 호수 마주 보며

물길 사이 섬으로 뜬 산

해질랑

호숫가 별장들 별밭으로

아스무리 떠오르고

엉겅퀴 패랭이 애기똥풀 현호색

아우러져 돌멩이 하나에도

고대 중세 슴배어드네

산과 숲을 휘돌아

가르다 호수의 마알간 물은

어제도 내일도 나울치네

---

* 가르다 호수는 이탈리아 베로나와 베니스 사이에 있는 큰 호수로서 괴테를 비롯한 많은 문인들은 이 호수를 이탈리아에서 가장 아름다운 호수라고 극찬했다.

세계일경世界一景

— 바라나시에서

1

갠지스 강 무진세월 보란으며 흐른다
사람 짐승 자동차 오토릭샤 자전거
길 위에서 뒹굴고 얽흐러져 물 흐르듯
바람 따라 펼쳐 가는 신神과 성자聖者의 굿당

죽음은 슬픔 아니고 불가난 불산지옥 아니리니
무질서 속에도 생동감 느긋함 그븐다
물녘서 하냥 신들의 불빛잔치 열리고
브라마 비슈누 시바 삼신三神의 인간 사랑 흐던흐던

인도의 얼뿌리!
창조와 파괴의 수레바퀴 생빛 드라마 펼쳐 가는
전통과 현세의 삶이 항덩어리로 뭉쳐 여울친다
삶의 뜻갈 풀려 순례자들 발걸음 멈추지 않고 간다

2

바라나시에 가라!

삶이 호푸성스럽고 마음고플 때면
부끄린 일 숨기지 않고 불가촉천민도 웃음 잃지 않는 그곳
삶은 가시밭길 연속이지만 행복의 길임을 이제야 깨우쳤네

신비함 깊깔은 알몸 성자들의 눈빛 그것
비움의 아름다움 영혼이 보금트는 그곳으로
환생을 믿고 오늘의 삶이 영생의 한 순간일 뿐이기에
매일매일 매운터 삶도 가멸히 다가온다네

마음문 열고 삶의 그념에서 잊었던 참나를 본다
나를 찾으러 왔다가 나를 버리고 가네
삶은 뜬세월 허공절벽인걸 굳이 채워서 무엇하랴
나를 비우지 않는다면

---

* 바라나시Varanasi는 힌두교 성지로서 인도의 축소판이라 일컬어짐.
** 창조의 신 브라마, 보호의 신 비슈누, 파괴의 신 시바는 힌두교의 삼신이며, 이 가운데 시바의 인기가 가장 높다고 함.

세계일애世界一愛
— 순백미純白美의 극치 타지마할에서

대리석 음음한 벽에 화살짓는 달빛사랑
하냥 꼭 다문 무덤의 아픔밭에 어둠 밝음은
갈마드는데 씻기고 부서져 맑디맑은
혼바다에 미쁜별 하나 떠오르네

아프로디테의 시새움인가
서둘러 간 왕비의 초상 불안고 스물두 해
황망한 안개 속에 소리없이 흐느끼는
황제의 눈물꽃 쉬어질 날 없어라

햇빛신부 밤낮없이 속삭이듯 말하노니
화엄세상 초록 계절 잠살포시였어라
애뜯는 혼을 담고 담아 색바람 풀어내어
가이없는 사랑의 둥주리 틀었노라고

애저린 황제 부부의 대리석관
슬픔보다 더 슬픈 사랑의 놀 치고

천국의 문이 열리는 순간

지중해의 루비알 홍보석
아야 소피아 대성당
시공을 이고 나르는 하늘성당
아아라히 번져 오는 고요 밀물
오요한 영성이여

비금차게 나울친다
지혜로움 아름다움 신비로움의 해노을
굽널은 영혼의 불비늘 솟음치고
사바세계 불산지옥 허랑한 삶을
으긋으긋 품겨 내주네

성령의 불비 폭포수 되어 쏟뜨리니
우아함 아름다움 가슴 속에 그믈어들고
아름다움의 새엄이 부룻 솟치네
삶의 의미 가슴 언어로 새엄돗고
가슴 언어 시의 물보라로 몰껴오네

정여울 무릉도원武陵桃源

— 설악산 한오름산장에서

산장 밖은 사방간데 두메산골
숲의 아아라 숫바다 일렁일렁
아니오리골이 빚어내는 선경仙境

샐녘 안개장막 드리우면
선녀탕 선녀들 숫몸 드러내고
스쳐 가는 총각바람 얼굴 붉히네

텃밭에 고추 감자 꽃잎 하롱하롱
함께 지키는 이들 섬세한 손길
삶의 불향기 슴배이는 한오름산장

눈빛끼리 마음길 트이면
초록별은 혼불로 타올라
오목가슴 열어 주네

황진풍진 습습한 나에게

산장은 몸을 낮추고 순살결 드러내며
삶의 무게 내려놓으라 하네

한오름은 제 스스로를 내려놓고
젖은 가슴으로 모듬모듬
마음 비워 산을 찾아오라 하네

질녘 어둠 싸묵싸묵 밀려와
내 머리 발밑에 정금고요 쌓이나니
별내음 흐던한 화엄세상 보아라

시멋없이 나 별밭 에돌다가
나운나운 까치발로 숨어들어
어느새 초저녁 조약별로 피어나네

멀수록 가까이 다가오는
그리움의 공간 만리를 지척으로
넘나드는 정여울 무릉도원武陵桃源이라네

호매론 선비들 여낙낙
안으로 안으로 몰껴드니
지혜의 살여울 가슴밭에 나울나울

무수리바람 불고 포실눈 흩뿌려도
본래면목本來面目 무상대도無上大道 얼뿌리에서
새순바래기 엄돋나니

바위틈 흐르는 물소리 바람 소리
산장 식구들 가슴 비우고 머루밤드리
불서러움에 움치는 내 영혼 휘어로운데

릴라수도원에서

산새 울어 숲이 파르르 떨고
순례자들 다스운 눈물 고요를 적시니
영혼 물고너흐는 삶의 놀 잠재운다

발아래 무진무진 깔려 구르는 돌들
밟으면 밟을수록 솔바하는 하늘의 별밭
생명의 빛으로 깜빡깜빡 이어져 오네

삼라만상 시시각각 온몸으로
성인의 말씀 마음하노니
일필휘지 바람붓으로

세상 번뇌망상에 불서러운 나는
사운사운 까치발로 뜰 안을 서성거리니
수세기 요한 성인의 숨결이 온 숲을 물들인다

---

* 불가리아 릴라산맥 산자락에 위치함.

피 젖은 가슴 하늘길 열고
— 김대건 안드레아 신부님께

싹쓸바람 후려치는 마카오에
씨알 심고 상하이에서 꽃피운 그 사랑
성령의 아우라 아스라이 빛보래 여울칩니다
그대 밝히신 그 길 총총걸음으로 따라나섭니다

새남터에서 교우들 아픔신기 모두 품어안고
효수형 순교하시어 어둠절벽 부숭기니
의희한 하느님의 모습 아슴아슴 부룻나라
불산지옥 고샅고샅 믿음 얼뿌리 엄돗습니다

피 젖은 가슴 어둠 하늘길 열고
하느님 의초롭게 이쳐대는 구도의 길 위에
초록비 내리니 교우들 짓밟힌 가슴마다
성령의 불비늘만 무늘칩니다

이제 님은 성인의 반열에 올라 하늘에 계시니
사바세계 모든 이들 머흐란 날

멍든 가슴속살 이슬로 녹아내리고

삶의 멍에 벗으려 순례자들 에후립니다

제4부

손가락만 보고

그림자는 물속에 들어가도
물에 젖지 않고
연꽃은 진흙탕 속에서도
청정한데

중생들은
손가락만 보고
달을 보지 못하는
속빈 외면보살外面菩薩이라네

하늘은 녹색 현을 켜고

온 지구가 신열을 앓고 있다
땅 세포 줄기줄기
파삭파삭 불꽃 타들어 가는데

저녁답 쏟아지는 박비
온 세상 새틋이 웃는다
하늘은 녹색 현을 켜기 시작하고

한껏 들이켜는 생수 한 모금
목 축인 나무들 의기양양
새들의 어깻죽지 어루만진다

갈라진 내 마음 엉서리에도
소록소록 새엄 풀꽃이 돋아난다

늦가실 이른 아침에

서리무지개 곱땃스레
산모랑 위에 떠오르니

곱닥한 안개이불 깔리는
두레산길을 억새비탈이
포스근히 안아 준다

아침 정금精金고요
산드르 산드르 바람자락에
살피살피 도사리 떨어지는 소리
까까중 실잠 깬다

너와 나

내 몸 안에는 너와 내가 살고 있습니다
한 나는 풍진세상 묵새김질하는데
너는 탐진치의 놀 속에서 나울칩니다
한 내가 다소곳이 잠들라치면 너는 뜬금뜬금
뇌파를 타고 내려와 흔들어 깨우곤 비명을 지릅니다
소리 되어 나오지 않는 나는 인내 순종을 미덕으로 삼지만
너는 날짐생 되어 도고하니 살아집니다

인연 따라 나타나는 내 몸 안에 너와 나
그리움과 회한을 안고 사는 나는
어제를 못 잊어 너를 못 잊어 밤새 뒤척입니다
한 나와 너는 숙명적으로 내 속내에 얼뿌리 박고
다정하게 살고 있습니다 두 개의 서로 다른 너와 내가 있어
날마다 흐린 삶을 다독거리고 맑은 기운으로
내 몸 구석구석 씻어 내리며 굽닐은 내일을 올려다 봅니다

겨울 비 속으로

머루밤 산모롱이 에돌며
새벽을 기다리는데
찬바람 울음소리만 가득

밤의 살빛 그 비늘을 번뜩이며
내 가슴 저 깊은 곳에서
후두둑 떨어져 내리는 겨울 빗방울 소리

꽃등이여 매화 꽃등불이여

반백년 햇빛신부 속삭이듯 말하네
그대들 있음에 행복했고
지금도 행복하노라고
매화동산 꽃마음으로
감동의 나날을 살아왔노라고

봄 여름 가을 겨울 가고
오십 해를 눈보라 속에서
겨울 매화 꽃망울 터뜨리면서
우정은 파글파글 피어나고
곁에 있어도 늘 그리운 벗들이여

사랑하는 벗들 있어 풍요로운 나날들
칠순 나이에도 풋풋한 젊음이라네
감사하는 삶의 소중함을 깨달으며
그늘 밝히는 매화꽃등으로 피어나
우리들 가슴에 솟아오르는 생명의 새 불길

이모작하는 농부로 살아가는 그대들
하얀 설중매 되어서야 알겠네
사랑하는 것과 사랑 받는 것의 참의미를
크작은 일에 눈과 귀를 열고 살아가는 법을
자신의 내면에 뜻있는 나이테 새겨 가야 함을

벗들과 함께하는 바로 이 순간이 영원이며
매 순간이 한 생애인 것을
오늘도 팍팍한 세상 함께 숨 쉬고
따스따스한 가슴빛 대화 나누며
천년을 웃으며 함께 가리라

---

* 경기여고 51회 졸업 50주년에 부쳐.

밀알 한 톨

손에 받쳐 드는 순간
우주를 받드는 그 순간
밀알 한 톨 속에서

거룩해지는 내 몸
천둥벌거숭이 머리 갈비뼈 마디 속
으르렁거리며 만물 안에
꿈틀거리는 생명의 씨알

팽창하는 기운이여!
피어나는 꽃잎 소리에 천지가 들썩들썩
저 거대한 대자연의 폭력 앞에서
속수무책인 내 시어詩語의 산맥이여!

해바람의 따스함으로

몸은 땅 위에 의대고 흔들려도
내 영혼은 밤하늘의 별빛으로 떠오르네

몸은 꺾어지는 꽃가지 잎이 되어도
향글음만은 잃지 않으리니

절망의 순간들을 자근자근
밟아 흩뜨린다

꿈이라는 말을 어둠 속에 익히는데
해를 보듬은 바람의 따스함을 누린다

시간의 푸르고 깊은 블루

시간의 푸른 입자가
솟구쳐 올랐다가
수직으로 떨어진다

유리병 안에서

현재는 늘 현재
어제로 돌아가지 않는데
나는 자꾸만 낯선 과거로 뒷걸음친다

어머니의 군고구마

꿈길에 어머니는 나와 함께 걸으셨다 실비 오락가락 하는 오후 내 눈에 반쯤 쪽잠 감겨드는데 젖은 손 겨운 짐 평생 홀로 구부정한 어깨에 지시고 바닷물 심경으로 버티어 오신 분 큰일을 겪으셔도 애가슴에 품은 무늬결 고운 여인이여 내 가슴에 오늘도 실핏줄그리움이 감돌아라

어머니 소쿠리엔 언제나 샛거리로 군고구마 그뜩그뜩 어머니 정여울 흘러넘쳤어라 어머니 사랑의 뜰억에 모듬거리던 팔남매 이제는 돌아와 어머니의 군고구마 대소쿠리에 들어앉아 있다 띠앗 담은 소쿠리 언저리엔 어머니강물만 흘러흘러 박꽃사랑 고구마 내음으로 피어오른다

인간 불량품

태어남의 기쁨도 잠시 어미 품에 안겨 보지도 못한 채 가족에게 왕따 당해 새끼고양이 절벽가슴 안고 척박한 삶터에서 헐굶는 나날을 보냈다네 기쁨과 슬픔의 끊임없는 갈마듦의 삶이라더니 너는 가신스런 아줌마 만나 건강진단 받고 그녀의 다순한 가슴으로 지은 밥 한 그릇에 발라당 누워 재롱떨며 꽃세월 보냈네 세월하고 새끼 고양이의 추억을 쓰다듬는 그녀의 손길만 휘어롭다

만무방놈 허랑한 발길질에 내장파열! 스름스름 앓다가 끝내 수술대 위에서 눈을 뜨지 못했다네 하느님의 창조물 가운데 유독 인간에게만 볼량품이 많다더니 새끼 고양이의 쾌유를 위해 기도까지 했던 아줌마 애저린 속가슴밭에 아픔씨 엄돗아 나면서 오장육부 썩어들어 온몸에 독기 퍼져 갔지만 목숨꽃 쉬어지는 찰나에 아름다이 재롱떨던 마지막 모습만 아몰아몰

마음꽃 솟음치니

아침이면 사내가 의기양양 집을 떠나고
속절없이 설겆이통에 하루를 내맡긴다
우련히 흐느끼는 아내의 속울음 소리
빈집은 곁눈으로 읽고 있다

별밭 저음의 등불이 켜질 때
파김치 된 식구들 용케 제 집 찾아들고
둥근집 둥근방 꿈꾸며

온종일 집살이에
엉클어지고 흔들리던 아내
식솔들을 빈 가슴으로 껴안는다

지친 삶 속에서도 참행복 느껍다
조마로운 마음꽃 솟음치니

■ 작품 해설

낯선 신, 예술시를 찾아서

김 재 홍
(문학평론가 · 경희대 정년연장 명예교수)

김효중 시인에게 시란 과연 무엇인가? 이제 시는 그녀의 호흡이자 맥박이 되었다 말해도 되겠는가? 2009년 계간 『시와시학』으로 등단한 이래 만 4년 동안 그녀는 네 권의 시집을 상재했다. 1년에 한 권씩 시집을 펴낸 셈이니 가히 놀랄 만한 일이다. 양적인 면에서도 그러하지만 또한 그녀가 시집 1권에서부터 지금까지 지속적으로 천착하고 있는 우리말 찾아 쓰기와 새로운 시어 창조와 같은 일관된 노력은 시인으로서의 근본 사명을 올바로 인식하고 그것을 충실히 감당 실천하고 있어 믿음이 간다. 시적 사치와 허영관념의 유희로서 시 쓰기가 아니라 한결같이 진정심과 항상심을 가지고 시와 언어를 탐색하고 있는 그녀의 모습에 박수를 보내며 앞으로 더 정진하여 시인으로서 큰 성과 이루기를 기원하는 뜻에서 이 번 시집에서 삶과 시에 대한 그녀의 시세계를 살펴보기로 한다.

1. 다시 깨달음을 향하여

시인이 시를 쓰는 이유는 무엇일까? 이것은 "왜 사느냐?"라는 질문처럼 아주 단순하고 평범한 것일 수도 있지만 그리 간단한 것은 아니다. 단순히 쓰고 싶어서, 자기만족을 위해서, 쓰지 않고는 못 견딜 어떤 절실한 이유 때문에, "이유 없는 무덤은 없다."라는 말처럼 시를 쓰는 데도 분명한 이유들이 있을 것이다. 김 시인에게도 시를 쓸 수밖에 없는 절실한 이유가 있을 것이지만 그녀는 큰 소리 내지 않고 묵묵히 자기 방식대로 시의 길을 가고 있다. 그 길이 크게 주목받지 않는 외로움의 길이라 할지라도 결코 뒤돌아서지 않는다. 그저 조용히 자신의 길을 걸어갈 뿐이다. 그 길 끝에 무엇이 그녀를 기다리고 있을까? 그저 그녀는 깨달음의 삶을 위해 한 줄 시에 몰두하고 스스로 행복해한다. 그 자체가 바로 그녀에겐 시를 쓰는 절실한 이유가 될 것이다.

사람 사는 삶터에
아름참의 새싹이

엄돗지 않는
황무지가 있다네
시詩가 없는

—「황무지」 전문

천리 길도 한 걸음부터라지
마지막 한 방울의 물이
망망대해도 넘치게 한다네

—「한 방울의 물」 전문

시가 없으면 사람 사는 삶터란 새싹 하나 돋지 않는 황무지가 된다고 시인은 생각한다. 그만큼 그녀에게 시는 삶을 삶답게 만들어 주는 원천으로 작용할 뿐만 아니라 또한 생명을 잉태하게 하고 자라게 하는 생명의 핵심 동력으로 작용하고 있다는 뜻이다. 사람이 사람답게 살아간다는 것은 무엇인가? 새로운 생명을 잉태하고 낳아 잘 키우면서 결국엔 다시 새 생명을 위한 한 알의 밀알이 되어 사라져 가는 것, 그런 과정 자체가 바로 삶, 그것이 아니겠는가? 그녀는 시를 통해 세계의 창조자, 우주의 조물주로서 신의 섭리를 깨닫고 있는 것이다. 다시 말해 그녀의 삶은 이제 시가 없다면 황무지나 진배없이 된 모습이라 하겠다.

황무지란 무엇이던가? "사람이 오랫동안 손을 대지 아니하고 그냥 내버려 둔 거칠고 쓸모없는 땅"을 말하지 않겠는가? 시가 없으면 시인의 삶도 황무지가 되고 말 것이라는 것을 이제 시인은 절감하고 있다고 해도 과언이 아니다. 물고기가 물을 떠나서는 살 수 없듯이 시인도 이제 시를 떠나서는 살 수 없게 된 것이다. 시가 곧 삶이요, 시 쓰기가 곧 그녀의 호흡이자 생명률이 된 것이다. 이것을 깨닫기까지 그녀는 얼마나 많은 밤을 고통과 절망으로 지새워 왔겠는가? "마지막 한 방울의 물이 있어야 망망대해를 넘치게 한다"는 단순한 듯한, 그러면서도 인간 삶의 가장 기본이 되는 이 생철학적 인식이 결국 인간 세상을 정화하며 여기에까지 견인해 왔다. 이러한 깨달음에 도달하기까지 그녀는 지난 70년 가까이, 한생을 다 바쳐 온 것이다. "천리 길도 한 걸음부터라지"와 같이 얼마나 스스로를 달래며 위무하고 혹독하게 채찍하며 생의 난바다를 헤쳐 왔겠는가? 채워도 채워도 생의 망망대해는 넘칠 줄을 모르고 늘 허기진 입을 벌리며 그녀를 삼키려 했을 것이다.

> 가슴파도 무여지는
> 가시밭 가난고개라네
> 처음엔 살고 싶어 발버둥
> 나중엔 죽고 싶어 몸부림질
>
> —「세상에서 가장 무선 것은」 전문

가슴파도 무여지는 가시밭 가난고개를 마주하여 살고 싶어 발버둥치고, 죽고 싶어도 죽을 수 없어 몸부림치는 인생들 사이에서 시인은 결코 자유로울 수 없었으리라. 다행히 운이 좋아 일평생 대학교수라는 좋은 직업인으로 살아온 그녀였지만 그렇게 되기까지 어려움과 각고의 노력이 어찌 없었겠는가?

나를 낮추면
마음귀 열리고
마음눈 뜬다네

—「내 탓이오」 전문

물속에 빠져야
물이 보이고

삼매에 빠져야
참나가 보이고

—「참나」 전문

"내 탓이오"를 외치며, 마음의 눈을 뜨기 위해 자신을 낮추면서 얼마나 많은 시간을 고뇌의 물속에서 허우적거려야 했겠는가? "물속에 빠져야/ 물이 보이고// 삼매에 빠져야/ 참나가 보이고"라는 그녀의 깨달음은 그녀가 자신의 본모습을 깨닫기 위해 얼마나 고뇌하고 치열하게 분투해 왔는지를 짐작케 해 준다. 그녀가 시를 쓰는 일에 열심을 내는 이유도 바로 여기에서 찾아볼 수 있겠다.

2. 고유어 되살리기와 시어 창조의 길

그녀가 제1시집부터 지금까지 꾸준히 진행해 온 고유어 찾아 쓰기와 새로운 시어 창조에 대한 노력은 시인으로서 그녀를 신뢰할 수 있게 만드는 가장 큰 동인으로 작용한다. 난해하고 현기벽에 빠져 비평가들에게 화젯거리가 되는 시를 써야 주목을 받는 오늘날 시의 한 풍토 속에서 이미 어제의 언어가 되어 사전 속에 갇혀 있는 우리 고유어를 새삼스럽게 끄집어내는 일은 그리 쉽지 않다. 오히려 그런 노력은 낡은 구시대의 유물을 들추는 것과 같다며 쓸모없는 일이라고 치부하는 사람들도 적지 않은 실정이기 때문이다.

그러나 그렇지 않다! "하늘 아래 새로운 것은 하나도 없다."라는 『성경』 구절이 있지 않은가? 새로운 것도 금방 낡은 것이 된다는 뜻으로 단순히 해석할 수도 있겠지만, 또 한편으로는 오늘 새로운 것은 결국 어제의 낡은 것 토대 위에서 만들어지는 온고이지신의 뜻으로 해석해 볼 수 있기 때문이다.

사실 그렇지 않은가? 어제 없는 오늘이 어찌 있을 수 있으며, 오늘 없는 내일이 어떻게 존재하겠는가? 그렇게 본다면 우리 고유어를 오늘에 되살려 적극적으로 활용하는 일은 어제의 언어를 단순히 오늘로 가져와 사용한다는 1차원적인 의미를 넘어서서 오늘의 정신과 감수성으로써 언어를 새롭게 재창조하는 작업이 될 것이 분명하다. 따라서 김 시인의 이러한 작업은 그야말로 시인이라면, 또한 시인의 숙명을 깊이 자각한 사람이라면 누구도 간과해서는 안 될 소중한 권리이자 신성한 의무라고 할 수 있다.

방 안 가득 파도가 아다지오로 되울림치다가

허공을 찢고 들난이 바람에 비자닌다
엊그제 떠나간 가을의 쓸쓸한 등짝
산비알 벌써 돌아 보이지 않는다

빨가벗은 나무 한 그루 성에꽃에 흔들리는데
맑은 날 모아 놓은 햇살대롱을 제 몸 안으로
끌어내어 움치는 내 젖은 가슴 등불을 켠다
이내 밝고 다숫해진다

―「내 젖은 가슴 등불을 켠다」 전문

"되울림치다가/들난이/비자닌다/산비알/움치는/다숫해진다/햇살대롱" 등 시 한 편 속에 고유어와 조어가 빈번하게 활용된다. 시인이란 누구이던가? 흔히 '시詩'를 한자로는 '言+持'라고도 한다. 이때 '持'의 손을 의미하는 '手'는 즉, 무엇을 '만들다'는 뜻으로 해석된다. 그 '手' 대신에 '言'이 들어가 말로 만든다는 제작의 뜻이 들어 있는 것이다. 또한 영어의 poetry도 행하여 '만들다'라는 희랍어 poiesis에서 왔다고 하지 않던가? 따라서 시는 아리스토텔레스 식으로 말하면 '만들다'라는 뜻이 되고 시인poet은 만드는 사람, 즉 제작자, 창조자가 되는 셈이다. 세계를 창조한 조물주, 즉 신을 절대자, 제1의 창조주로 본다면 시인은 조물주가 창조한 사물에 새로운 이름을 붙여 주는 창조자라는 뜻이 되겠다. 그런 의미에서 시인을 제2의 창조자라고 부를 수도 있음이 물론이다.

이렇게 볼 때 김 시인이 지속적으로 추구하고 있는 고유어 살려 쓰기와 새로운 시어 창조의 노력은 사물에게 제 이름을 찾아 주는 일일 뿐만 아니라 『파우스트』에서처럼 시인이란 신이 창조한 사물에 의미를 붙여 주는 사람이라는 관점을 잘 설명해 주기도 한다. 김 시인의 이러한 작업이 지금은 아직 미미한 일처럼 보일 수도 있겠지만 결국 언어 생활을 풍요롭게 만드는 결정적인 일임에는 틀림없으리라.

3. 교양과 예술 지향의 삶을 위하여

시인은 시인의 말에서 "시 속에는 개인의 문화적 취향과 욕구가 반영되게 마련"이라고 술회한 바 있다. 그것은 곧 자신의 시 속에도 시인 자신의 문화적 취향과 욕구가 반영되어 있다는 뜻이리라. 그녀의 지난번 세 번째 시집 『침묵의 돌이 천년을 노래한다』(문화체육관광부 주관, 2013년 우수교양도서로 선정)에서와 마찬가지로 이번 시집에서도 음악이나 미술 취향의 예술시들이 많이 나타나고 있는 것은 중요한 특징이 된다. 지난날 독일에서 생활했던 그녀이고 보면 자연히 유럽 문화에 친근함을 느끼게 마련일 것이고 그런 문화적 취향이 시 속에 자연스럽게 녹아나고 있다는 뜻이 되겠다.

① 카랑카랑 휘뿌리는 꽃불춤
황제의 걸음으로 우줄활활 다와친다
때로는 돌풍이 불어닥쳐도
불굴의 예술혼 타협을 모르네

아다지오 운 포코 무소 잔조로이 흘러
마음귀에 화살짓는 론도 알레그로
애연한 마음 사려잡은 초록 빗발 후려치고
불비늘 하늘마다 천상의 교향시 나울친다

마침내 웅장하고 호쾌하게 펼쳐 나가는 비바체
저 늠름한 기상은 인간정신의 승리인가
가이없는 구원의 팡파르 온누리 울려 퍼진다
베토벤의 〈황제〉는
삶의 축복이어라 영원한 구원이어라

—「하늘교향시 나울친다」 전문

② 밀밭이 바람을 마구 흔든다
밭이랑 굽굽이 굽이쳐 흔들리는데
까마귀 그 위를 까악까악 날고 있다

오베르 들녘 삶의 찬란한 한 순간
그 너머 숨겨진 핏빛 절규와 격정
밀밭에 웅수리고 있던 죽음의 사신
고흐의 영혼 섬빽 영원 속으로 솟쳐 오른다

—「밀밭은 바람을 마구 흔들어」 전문

이 두 편의 시를 보면 그녀의 문화적 취향과 시적 교양의 수준을 짐작해볼 수 있다. 먼저 시 ①은 베토벤 피아노협주곡 제5번 〈황제〉를 제재로 한 시다. "모든 예술은 다 음악을 지향한다."는 쇼펜하우어의 그 유명한 말이 있지 않던가? 예를

들어 베토벤의 표제음악 〈전원교향곡〉을 들으면 새들 지저귀고 시냇물 돌돌 흐르고, 때로는 천둥 번개 치고 소나기 쏟아지는 전원의 사계가 눈앞에 펼쳐지는 듯하지 않은가? 또한 쇼팽의 〈녹턴〉을 듣다 보면 달빛 쏟아지는 밤, 창가 피아노 앞에 홀로 앉아 건반을 두드리는 사랑에 상처 받은 한 영혼의 마음을 바로 눈앞에서 만날 것 같은 고독의 황홀경에 빠지기도 한다.

시는 언어로 말하고 미술은 선과 색체로, 그리고 음악은 리듬으로 말할 뿐, 전하고자 하는 내용은 결국 같은 것이라 할 것이다. 시인의 시를 읽다 보면 늠름하고 당당한, 호쾌하고 유쾌한 승전 장군의 모습을 보고 있는 듯하다. 시인은 한 걸음 더 나아가 시에 음악적 용어를 적극 활용하여 시의 사실감, 현실감을 더하고 있다. 알레그로—아다지오—알레그로—비바체, 바로 눈앞에 승전한 개선장군의 의기양양하고 웅장한 행진이 펼쳐지고 있는 것 같기도 하다. 그러고 보면 베토벤이 음악 〈황제〉에서 표현하고자 했던 것도, 시인이 베토벤의 음악을 듣고 표현하고자 했던 그것도 일맥상통한다고 볼 수 있다.

또한 시 ②도 고흐의 작품 〈까마귀 떼 나는 밀밭〉을 시로 옮긴 「밀밭은 바람을 마구 흔들어」도 마찬가지다. 시와 그림은 더욱 가까운 사이라는 것을 확인하게 된다. 예로부터 '시화일률詩畵一律' 이라는 말이 있다. 즉 시와 그림은 하나, 곧 시 속에 그림이 있고, 그림 속에는 시가 녹아들어 있다는 뜻이다. 맞는 말이다. 시의 중요한 특징 중 하나인 시의 회화성을 강조하는 것이리라. 시를 읽을 때 한 폭의 그림을 보는 것 같이 느껴질 때 그 시는 회화성이 뛰어나다고 말한다. 그림을 살펴보면 밀밭이 바람에 마구 흔들리는 모습, 밭이랑은 한 마리 커다란 짐승처럼 살아 꿈틀거리고 그 위에는 잘 익은 밀이삭을 다 먹어치우려는 듯 검은 까마귀 떼가 허기진 식욕의 혓바닥을 날름거리고 있다. 고흐가 이 그림을 통해 표현하고자 했던 것은 과연 무엇이었을까? 풍요와 행복이 넘치는 삶의 들녘, 그러나 그 풍요롭고 평화로운 삶의 공간 어느 곳에선가는 그것을 순식간에 송두리째 망가뜨릴 수도 있는 검은 유혹과 불운의 손길이 숨어 호시탐탐 노리고 있을지도 모른다는 불안한 운명 의식을 표상하는 것으로 볼 수는 없을 것인가? 그럼에도 삶은 슬프도록 찬란하고 아름답고 경이롭다는 것을 고흐는 그림 속에서 표현하고자 했으리라.

시인은 그 그림을 보며 또 무엇을 표현하고자 했을까? 추수를 기다리는 오베르 삶의 들녘, 그 뒤에 도사린 결코 벗어날 수 없는 검은 운명의 예감, 그러나 내일 죽음의 순간이 찾아와도 오늘은 살아 있어 찬란하고 경이롭고 감동스럽다는 영혼의 내밀한 움직임을 표현하고자 한 것은 아니었을까? 김 시인은 시를 통해 고흐가 그림을 통해 표현하고자 했던 오베르 들녘의 풍요와 감동을 그대로 재현해 내고자 노력하고 있는 것이다.

위의 두 시편에서 보듯이 시인의 삶은 음악과 그림 등과 같은 예술적 취향의 삶을 추구하면서 갈망하고 있다. 그것은 곧 그녀의 삶이 정신적으로 더욱 고양된 가치를 추구하며 살고

자 하는 예술 지향성 또는 문화적 취향을 드러내는 부분이다. 일생을 삶의 현장에서 치열하게 살다가 이제 직장으로부터 놓여나 제2의 자유로운 생을 꿈꾸며 살고 있는 시인이 절실하게 소원하는 것은 바로 그것이 아니겠는가? 경제적 · 물질적 풍요를 추구하기보다는 정신적인 가치를 추구하며 영혼의 삶을 살아가고자 하는 시인의 내면의식을 반영한 것이라는 뜻이 되겠다. 그런 맥락에서 그녀의 이번 예술 취향의 시편들은 그녀 정신의 예술 지향적 내면 풍경을 잘 묘파해 내고 있어 더욱 돋보이게 해 주는 것으로 이해된다.

4. 영혼의 삶, 낯선 세상을 찾아서

이번 시집의 또 다른 특징 중 하나는 여행 시가 많다는 것이다. 새로운 곳에 대한 동경과 갈망이 그만큼 크다는 뜻이리라. 미지의 어느 곳과의 만남이 익숙하고 낯익은 것에서 오는 권태와 나태로부터 시인의 감성을 일깨우고 생에 대한 또 다른 열정을 느끼게 한 것이 아니겠는가? 보통 예술가들에게 창조의 동력은 무엇인가? 여러 가지가 있겠지만 그중에서도 특히 중요한 것은 사물과의 새로운 첫 대면에서 오는 감동일 것이다. 첫눈, 첫사랑, 첫 경험, '첫' 이라는 말만 들어도 뭔가 설레며 감동받을 만한 그 어떤 일들이 뒤편에 숨겨져 있을 것만 같다. 그래서 시인은 틈만 나면 낯선 곳으로의 여행을 계획하고 떠나는지도 모르겠다.

두꺼운 암흑의 장막을 찢고
르네상스 횃불 퍼언히 집힌
천재들의 땀 냄새 진진하게 그믄
좁은 골목길에는 삶의 불향기
자자히 여운을 남기고

휴머니즘의 요람 예술의 꽃
허공을 향그러이 품어안는다

미켈란젤로 광장에서 바라보는
피렌체는 과거의 발자취가
헤아릴 수 없는 밤하늘
별 냄새처럼 설핏하게 나비치고
과거 현재가 공존하는 피렌체에는

인류 미래를 밝힐 지혜의
불꽃구름이 감사납게 피어오른다

—「미켈란젤로 광장에서」 전문

무엇이 그녀를 먼 나라의 미켈란젤로 광장으로 이끌고 간 것일까? 중세의 암흑시대, 사람의 감성을 얼어붙게 만들었던 기독교 절대 신앙과 시대의 질곡을 과감하게 걷어 내고 인간의 뜨거운 심장을 뛰게 했던 예술가 미켈란젤로, 피렌체 골목길을 빠져나가는 귀족들의 단장 소리가 메아리처럼 울려 올 것만 같은 광장 어귀에서 그녀는 600여 년 전 과거의 어느 한 모습을 만나고 있는 것 아니겠는가? 시인은 시를 통해 미켈란젤로 광장 밤하늘에 빛나는 별들을 새롭게 만나고, "르네상스 횃불 펴언히 집힌" 천재들의 땀 냄새 가득한 역사의 한 뒤안길을 책상 앞에 앉아 거닐고 있다.

오벨리스크 청동 뱀기둥 쉬멋없이 서 있고
그 옛날 영화榮華의 빛바랜 그림자 깃발만 펄럭인다

세계의 중심 길은 이스탄불로 통한다 했던가
보석상자 톱카프 궁전 하렘에서는 시든
꽃숭어리 깡마른 향깃함만 가느슥히 어른거린다

벨리댄서의 가슴을 타고 흐르는 젖은 땀 기운
황홀경 속에서 성그러운 수도사들의
에도는 수피 춤사위로 머루밤만 깊어 가고

어슴새벽 되울림치는 수도승의 기도 소리
보스포루스 해협의 물결 되질하며 잠재우니
세월하고 비단길 대상들의 속삭임만 들려온다

—「이스탄불 그림자—술탄아흐메트 광장 히포드롬에서」 전문

그녀는 다시 터키 이스탄불로 날아가고 있다. "세상의 모든 길은 이스탄불로 통한다."라는 말이 있듯이 역사 속에서 이스탄불은 로마와 같이 풍요와 동경의 또 다른 상징이었다. 당시 그 지역은 동서양 교통의 요지로 상업과 무역이 발달하

고 사람들의 교류가 잦았으며 따라서 문화가 왕성하게 꽃피던 지역이었다. 오죽했으면 대상들이 물건을 사고팔기 위해 오고 가던 그 길을 비단길이라 불렀을까? 그러나 이제 그 당시 골목을 가득 채웠던 낙타의 목방울 소리는 온데간데 없이 사라지고, 양탄자를 팔고 향료를 팔던 상인들 모습 또한 찾아볼 수 없다. 이제 그 빈자리를 벨리댄서와 먼 곳에서 온 수도사들이 채우고 있다. 시인은 변해 버린 고도의 옛 터를 둘러보며 인생무상을 노래한다. 그러노라면 자신이 부르는 노래 속으로 떠나갔던 대상들이 다시 돌아오고, 떠오르기를 포기한 별들이 다시 도시의 하늘 위로 돌아오게 마련이다. 이처럼 시인은 시를 통해 세월 속에 묻혀 간 시간과 역사, 사람들과 풍속들을 다시 살려내고 음미하고 있는 것이다. 이것이 여행시의 장점이자 매력이 아니겠는가?

5. 맺음말

시인은 등단 반십 년 만에 네 권의 시집을 펴내면서 중견시인으로서의 자리를 잡아 가고 있다. 통상적으로 시인이 여러 권의 시집을 펴낼 단계에 이르면 돌아갈 수 없는 강을 건넜다고 한다. 이제 김 시인도 그 강을 건넌 것이다. 이 말은 곧 앞으로는 어쩔 수 없이 지상의 마지막 날까지 시인이라는 새 이름표를 달고 살아가야만 한다는 뜻이다. 그 길이 설령 아무도 주목해 주지 않는 외로운 길일지라도 김 시인 스스로 자부심을 갖고 책임감을 느끼며 노력해 가는 운명 의식을 가지고 살아가야 하는 운명의 길이라는 뜻이다.

다행인 것은 김 시인이 그동안 천착해 온 우리 고유어 살려 쓰기, 새로운 말 만들기 등과 같은 일련의 시적 작업은 어떤 시인도 결코 간과해서는 안 되는 시인의 운명에 해당한다는 점을 시인이 확실히 인식하고 있다는 사실이다. 지금은 그 작업이 비록 어느 면에서는 미약하게 보일지라도 깊이 숙성되고 발효되어 갈수록 제 역할을 톡톡히 감당해 내야 하리라 기대한다. 우리 국어가 외국어, 외래어의 유입 등으로 혼란이 가중돼 가고, 혼탁해져 가고 있는 요즈음 세태 속에서 김 시인의 우리말 지키기는 누군가는 반드시 감당해야 할 소중한 운명의 몫에 해당한다. 따라서 김 시인이 시인으로서뿐만 아니라 국문학 교수로서 쌓아 온 오랜 경력을 적극적으로 또 치열하게 활용하여 우리 언어 생활을 풍요롭게 만들고 순화하는 일에 온 힘을 기울여 줄 것을 당부한다. 시집 발간을 거듭 축하하며 끊임없는 시적 전진이 있기를 기대한다.

김효중 시어 풀이

첫 시집 『시보다 아름다운 꽃 어디 있으랴』 제2시집 『화살, 그리움을 쏘다』 제3시집 『침묵의 돌이 천년을 노래한다』 제4시집 『빛보래 허공을 찢고』에 이르기까지 시인이 즐겨 쓴 새로운 언어, 고어, 방언 등 생소한 우리말을 풀이하여 독자들이 시를 쉽게 이해할 수 있도록 부록으로 싣는다.

가냐른 : 가냘프고 여린
가냑한 : 가냘프고 약한
가느슥히 : 가늘고 그윽하게
가동그려 : 묶어서 간추려
가막덤불 : 풀과 나무가 무성하게 엉클어져 속이 드러다 보이지 않는 덤불
가멸찬 : 굳센, 강한
가멸히 : 넉넉히, 부유하게→가멸하다
가슴밭 : 가슴을 밭으로 비유한 말
가슴빛 : 눈의 빛을 눈빛이라 하듯이 가슴에도 빛이 있다면 가슴빛이 될 것이라는 뜻의 조어
가슴살 : 가슴의 살, 마음의 중요한 부분을 비유한 말
가슴속살 : 속가슴의 살, 마음의 매우 중요한 부분
가슴악기 : 마음을 소리로 표현할 수 있음을 상징한 말, 가슴을 악기로 비유한 말

가슴파도 : 가슴에 일렁이는 감정, 느낌을 파도에 비유한 말
가슴창 : 마음의 창, 마음을 형상화한 말
가신스런 : 몸매가 곱고 마음씨가 좋은, 행실이 믿을 만하고 참한
가을사랑 : 그리움과 아쉬움으로 남은 애잔한 사랑
가지록 : '갈수록' 을 예스럽게 표현한 말
갈레는 : 이리저리 섞갈리어 잡기 어려운
갈마들다 : 서로 번갈아 갈음하여 들다
감드는 : 감아드는
감사납게 : 억세고 사납게
감실감실 : 먼 곳에서 어렴풋이 움직이는 모습
갑가워라 : 속마음에 은근히 기뻐라
강둔치 : 강가의 언덕
강새암 : 상대하는 이성이 다른 이성을 좋아하거나 할 때 일어나는 강한 질투심
거츤벌난벌 : 거칠고 황폐한 벌판
검으야한 : 거무스레한
겹어둠 : 깊고 두터운 어둠
경경열열 : 슬픔이 북받쳐서 목메어 우는 모습
고르로운 : 고요히 빛나는
고샅고샅 : 마을의 좁은 골목길마다
고절 : 절해고도와 같은 절대고독의 상태
고조곤하다 : 고요하다
곤죽길 : 몹시 질퍽질퍽한 길
곱닥한 : 곱다란, 곱디고운

곱땃스레 : 곱고 잘 어울리게

구름꽃 : 구름이 꽃처럼 피어난 모습을 비유한 말

굽굽이 : 구비마다

굽닐은 : 꿋꿋이 일어나는

그념 : 근심 걱정

그늑하다 : 모자람이 없이 아늑하고 그득하게

그물그물 : 가물가물 어른거리는 모습

그믄다 : 서서이 잠기다, 젖어 들다

기려워해야 : 그리워해야, 아쉬워해야

기루다 : 그리워하다

기신기신 : 힘겹게 기를 쓰는 모습

길갈디 : 갈 길

길나장이 : 길 안내자

길즛한 : '길쭉한' 의 여린 말

깊깔은 : 깊이 깔아 놓은

까슬리며 : '그슬리며' 의 강세 표현

까치놀 : 석양을 받아 멀리 바다의 수평선에서 벌겋게 번득거리는 물결

꺼훌꺼훌 : 새나 나비가 날아가는 모양

껍지 : '껍질' 의 방언

꽃너울 : 꽃으로 만든 너울

꽃눈 : 아름다운 눈

꽃다히 : 꽃처럼 맑고 아름답게

꽃등컬 : 꽃뭉치

꽃떨기 : 꽃의 떨기

꽃무지 : 꽃이 무더기로 쌓인 묶음 꽃다발

꽃물 : 아름다운 꽃잎 물

꽃보라 : 꽃이 흐드러지게 흩날리어 마치 눈보라치는 듯한 상태

꽃불춤 : 격렬한 춤, 불춤을 비유한 말

꽃비 : 봄에 꽃 필 무렵 내리는 비 또는 제때에 아름답게 내리는 비를 형상화한 말

꽃샘바람 : 봄철 꽃 필 무렵 추위에 부는 바람

꽃세월 : 꽃처럼 아름답게 빛나는 세월

꽃수레 : 꽃으로 장식한 수레

꽃숭어리 : '꽃송아리' 의 큰말

꽃잎알 : 꽃이파리

꽃타래 : 꽃이 주저리주저리 피어 있음을 실타래에 비유한 말

나부춤 : 나비춤

나비치다 : 나타나서 참여하거나 어리대다, 나타나서 비치다

나빌레라 : 나비와 같구나

나실나실 : 부드럽게 흔들리는 모습

나운나운 : 가볍고 산뜻한 모습

나울나울 : 물결치는 모습

나울치네 : 물결치네

나토신 : 나타나신

나훌대다 : 바람에 날려 부드럽게 자주 흔들리는

난리통구리 : '난리통' 의 속어

날빛 : 태양빛

날애 : '날개' 의 시적 표현

날진한 : 날씬한

납월매 : 선달 즉 부처님이 탄생한 음력 12월에 피는 매화

너울꽃 : 너울 쓴 꽃

너웃너웃거리는 : 너울거리는 모습

놀 : 거센 파도

농울친다 : 물결치다

농익는 : 무르익는

높다라이 : '높다랗게' 의 시적 표현

눈꽃 : 나뭇가지 따위에 꽃처럼 얹힌 눈이나 서리

눈방울 : 눈망울

눈이불 : 눈이 이불처럼 덮인 모습을 비유한 말

뉘누리 : 물살의 옛말

느껍다 : 어떤 느낌이 사무치게 일어나다

늣거운 : 어떤 느낌이 가슴에 사무치게 일어나는

늦가실 : 늦가을, 거실은 '가을' 의 방언

다라워진 : 모질고 인색해진

다순한 : 다정하고 따뜻한

다스운 : 부드럽고 따뜻한

다숫한 : 따뜻하고 정다운

다와치다 : 급하게 몰아치다

달곡달곡 : 달그락달그락 소리를 내며

달빛사랑 : 달빛처럼 그윽하게 빛나는 사랑을 형상한 말

달삭한 : 달금하며 시원한 맛

대명천지 : 환하게 밝은 세상
덧거친 : 난폭한, 매우 거친
덧잇는 : 무상無常치 아니한
도고하니 : 짐짓 의젓하게
도사리 : 잡풀, 바람에 떨어지는 과실
도처흐르는 : 돋아 흐르는
돌처 : 돌아서, 돌이켜
되울림치는 : 메아리치는
되질하며 : 파도치는 모습이 마치 되질하는 것처럼 설레어 보임을 비유한 말→되질하다
두레산길 : 둘레의 산길, 산길 언저리
둥근집 : 따뜻하고 포근한 집을 표현한 말
둥주리 : 둥우리, '둥지' 의 방언
드푸른 : 매우 푸르른
들난이 바람 : 마구 부는 바람
들렁이다 : 흔들리다
등걸잠 : 아무것도 덮지 않고 옷 입은 채로 아무데나 쓰러져 자는 잠
따스따스한 : '따스한' 을 반복적으로 사용한 강세 표현
땀김 : 땀의 기운
땀몸 : 땀으로 흠뻑 젖은 몸
뜬금뜬금 : '뜬금없이' 의 '뜬금' 의 음성을 부사화한 말, 이따금씩
뜬세월 : 덧없는 세월
뜰억 : '뜰' 의 강세 표현
뜻갈 : 뜻의 형세나 성질

띠앗 : 형제나 자매 사이의 우애

마뜩하게 : 알맞게

마알간 : 맑디맑은

마음고픈 : 외로운, 그리운

마음귀 : 마음에 마치 귀가 달린 듯이 감각적으로 표현한 말

마음길 : 마음의 길, 마음을 밭이나 넓은 땅으로 비유한 말

마음꽃 : 마음의 꽃, 보람이나 기쁨 따위 좋은 일을 비유한 말

마음덩이 : 마음의 덩어리, 마음을 형상화한 말

마음밭 : 마음을 밭으로 비유한 말

만무방놈 : 예의 없이 막된 사람을 가리키는 낮춤말

맘세 : 마음을 쓰는 됨됨이

맘하다 : 마음속에 새기다, 마음을 두다

매바삐 : 매우 바쁘게

매운터 : 모질고 한 많은 곳

매화바람 : 이른 봄의 추운 바람

맵찬 : 매섭게 차가운

머루밤 : 머루 색깔처럼 새까만 밤

머루밤드리 : 깜깜한 밤이 새도록

머흐란 : '험한' 뜻의 고어, 뭉게뭉게 일어나는

머흘머흘 : 아무렇게나 흘러가는 모양, 구름이 유유히 넘나들며 흘러가는 모습

머흘으니 : 머무르니

먹장가슴 : 근심 걱정으로 가득한 가슴을 비유한 말

며늣이 : 조금씩 이어서 천천히

명주햇살 : 명주실처럼 가느다란 햇빛줄기

모듬거리며 : 서로 어울려 나오는 상태

모듬모듬 : 여기저기 모여서

모듬어 : 안아

모람모람 : 옹기종기 조용히

모스러진 : 닳아서 무디어진

모슬이 : 모서리

모아드니 : 여럿이 한데 모여들다

모지라진 : 물건의 끝이 닳아서 없어진

목마친 : 목이 맺혀 떨리는, 목이 메인

목숨꽃 : 목숨의 꽃, 생명의 꽃

목숨대궁 : 목숨을 꽃대궁에 비유한 말

몬뜰래기 : 하나도 남김없이

몰껴오다 : '몰려오다' 의 강세

몸부림질 : 괴로움 따위로 몸을 마구 꿈틀거리는 모습

몸불 : 온몸에 타는 불과 같이 고통스런 모습을 형상한 말

몽근 : 잘 정제된, 알찬

무놀 : 거친 파도

무늬살 : 무늬의 빛살

무등등無等等 : 비교할 수 없이 귀한, 최고의

무람없이 : 스스럼없이, 버릇없이

무상대도 : 그 위에 더할 것이 없는 높고 큰 도리

무선 : 무서운

무수리바람 : 사정없이 불어대는 바람

무심무심 : 아무 뜻 없이, 그저 그렇게

무여지는 : 미어지는, 무너지는→무너지다

무직한 : 무겁고 둔중한

무진무진 : 다함없이 많은

무한아름 : 한없이 큰 모습을 형용한 말

무한천공 : 무한히 푸른 하늘

묵근히 : 묵직하게

묵새김질 : 오랫동안 되새기는 것

물거울 : 수면

물고너흐는 : 물고 넘실거리는, 물고 늘어지는→물고너으다

물꽃 : 물보라

물나래 : 물결, 물보라를 날개 치는 모습으로 비유한 시적 표현

물나울 : 파도

물녘서 : 물가에서

물마루 : 물결의 높은 데

물무늬 : 물살이 흔들리면서 생기는 무늬

물무지개 : 아름다운 무지개

물보래 : 물보라

물소용 : 물의 소용돌이

뭉튿는 : 물고 뜯는

미쁜 : 예쁘고 미더운

미안닦음 : 미안한 마음을 갚는 인사치레

바람자락 : 바람의 모습을 옷자락의 나부낌으로 형상한 말

바래움 : 바람의 시적 표현, 소망

바알간 : '빠알간' 의 여린 말

박꽃사랑 : 순수하고 소박한 사랑을 형상한 말

박꽃시간 : 박꽃이 피는 것같이 순수하고 소박한 시간을 형상한 말

박비 : 가뭄 끝에 오는 단비

반지라운 : 반들반들한

발핫케 : 빨갛게, 맑게

밤드리 : 밤새도록

밤밤 : 깊은 밤

밤의 살빛 그 비늘 : 밤을 감각적으로 형상화한 말

백결치다 : 여럿이 어우러져 물결치다

벙그는 : 소리없이 벌어지는, 함초롬히 피어나는

별눈 : 별을 의인화한 감각적 표현

별떨기 : 별 무더기

별물이랑 : 별이 일렁이며 빛나는 것을 물이랑에 비유한 말

별바래기 : 별을 바라며 희망을 간직하고 사는 모습

별밭 : 별이 찬란히 뜬 밤하늘

보금틀다 : 보금자리를 틀다

보란으며 : 보듬어 안으며

본래면목 : 자기의 본성, 본래 자신이 가지고 있는 마음의 본모습

봄요한 : 봄빛 어린

봉머리 : 산봉우리

부끄린 : '부끄러워하는' 의 시적 표현

부릇난다 : 솟구쳐 오른다

부승기다 : 벌어져 틈이 있다

북살 : 저녁노을

불가난 : 무서운 가난

불가촉천민achuta : 카스트제 5계급 중 가장 하층 계급으로서 빨래 등 가장 천한 일을 하는 사람들을 일컬음

불구렁 : 불구덩이

불꽃구름 : 불꽃 모양으로 빛이 구름에 드리워진 풍경

불꽃잔치 : 불꽃이 확 타오르는 모습을 잔치에 비유한 말

불노을 : 타는 듯 붉게 물든 노을

불비 : 기독교에서 '불로 심판한다' 는 뜻에서 쓴 말, 마구 쏟아지는 포화를 말함

불비늘 : 거대한 불길

불빛잔치 : 성령 세례

불산지옥 : 불길로 가득한 지옥

불서러운 : '서러운' 의 의미를 강조한 조어

불수레 : 태양, 해를 비유한 말

불숭어리 : 불덩어리를 꽃송이로 비유한 말

불안다 : 껴안다

불잉그럭 : 뜨거운 햇볕을 비유한 말

불잉글 : 이글이글 타는 불길

불콰한 : 매우 불그스름한 상태

불폭풍 : 폭풍처럼 거세고 큰 불길

불향기 : 뜨거운 향기를 강조하고 미화한 말

비금차게 : 날아오르는 새처럼 힘차게

비단안개 : 비단처럼 곱고 아름다운 안개

비사치는 : 은근히 비춰 주는

비자니는 : 조용히 움직이는 모습→바자니다

비최는 : '비취는' 의 시적 표현

빗밭 : 빗줄기 또는 햇빛살

빛가루 : 빛이 반짝이는 가루

빛다발 : 빛살

빛무리 : 빛이 다발 진 무리

빛뭉치 : 빛의 뭉치

빛바다 : 빛의 바다

빛보래 : 빛의 큰 일렁임

빛살아기 : 영혼이 시든 이들이 다시 생명을 얻어 활기찬 사람으로 태어남

빛샘물 : 샘물처럼 솟아나는 빛

빛슬픈 : 슬픈 빛이 어린 모습

빛여울 : 빛이 감돌아 굽이치는 여울

빨가장이 : '빨갛게' 를 강조한 말

뻥대 : 절벽 낭떠러지를 아래에서 올려다본 모습

뿌럭지 : 그루터기, 부스러기

사그리 : '모조리' 의 방언

사끌한 : 사납게 울어대는

사랑옵게 : 사랑스럽게

사려잡고 : 정신을 바짝 죄어 가다듬고

사방간데 : 여러 군데

사운사운 : 달빛의 시각적 이미지를 청각적 이미지와 결합시킨 말

사운한 : 사뿐한

사픗사픗 : 살풋살풋 가벼이

삭글한 : 산뜻한, 깨끗한

산골창 : 산골짜기

산드란 : 산득한, 갑자기 서늘한→산드랗다

산드르 산드르 : '가볍고 산뜻하게' 의 강조

산뜰 : 산자락

산모랑 : 산모롱이

산모롱이 : 산모퉁이

산비알 : 산기슭→산비탈

산자드락 : '산자락' 의 시적 표현

살근히 : '살짝' 의 시적 표현

살냇물 : 시냇물살

살아진다 : 살아갈 수 있다

살어둠 : 아주 깜깜하지 아니하게 엷게 깃들인 어둠

살여울 : 급하고 빠른 여울물

살틀이 : 사무치도록 열심히

살피 : 경계, 구획

살피살피 : 구석구석마다, 고샅고샅

삶가방 : 온갖 구속과 운명 조건으로 가득한 삶을 가방에 비유한 말

상그러운 : 상큼하고 향기로운→상그럽다

상글히 : 맑고 부드럽게

새순바래기 : 새로 나올 순(싹)을 기다리는

새엄 : 새싹

새틋이 : 산뜻하게

색바람 : 이른 가을에 부는 신선한 바람

샐녘 : 날이 샐 무렵

샛거리 : 새참 때 먹는 먹거리

생가슴 : 더없이 순정한 가슴

생각꽃 : 생각의 꽃, 빛나는 의식이나 심상을 꽃으로 비유한 말

생금넝쿨 : 싱싱한 넝쿨

생금빛 : 혼탁하거나 혼합되지 않은, 순수하게 빛나는

생금생금 : 금을 더욱 생생하게 감각화하기 위한 강세 표현

생멸생멸 : 깜빡깜빡 나타났다가 사라지는 모습을 형용한 말

생명바다 : 생명력 넘치는 바다

생명줄 : 목숨

생빛 : 찬란하게 빛나는 빛, 정지된 빛이 아니라 살아 움직이며 반짝이는 빛을 말하는 시어

서글은 : '서글픈' 의 시적 표현

서덜 : 냇가나 강가의 돌자갈밭

서리무지개 : 서리에 아침 태양이 비쳐 무지개를 떠올리는 모습

선연히 : 산뜻하고 분명하게

설거퍼 : 서글퍼

설핏하게 : 실팍하지 못하게

섬빽 : 한꺼번에, 단번에

섬홀한 : 황홀한

섭쓸고 : 이리저리 휩쓸고

성그러운 : 천연스러운 태도로 부드럽게 눈웃음을 짓는, 고결

하고 성스러운

성에꽃 : 유리에 김이 얼어붙으면서 생기는 성에의 기하학적 무늬

세괏은 : 매우 기세가 거세고 날카로운

세월세월 : 세월을 반복하여 부사로 사용한 경우, 세월을 보내고

세월하고 : 세월을 보내고, 살고

소금기둥 : 참신자가 지녀야 할 돈독한 신앙심을 경계하여 비유적으로 쓴 말

소금꽃 : 땀이 마르면서 남긴 염분

소랭한 : 차고 쓸쓸한

소록소록 : 천천히 조용히 움직이는 모습

소롯길 : 작은 길

소름우는 : 소름끼치도록 깊고 그윽히 (소리없이) 흐느끼는

소소리바람 : 이른 봄워 맵고 스산한 바람, 또는 회오리바람, 살 속으로 기어드는 듯한 찬 느낌이 있는 봄바람

소슬한 : 으스스 쓸쓸한, 마음이 춥고 외로운

속가슴 : 마음 깊숙한 곳

속가슴밭 : 속가슴을 밭으로 비유한 말

속울음 : 겉으로 드러내지 않고 혼자 속으로 깊이 우는 울음

속품 : 속마음

손껄 : 손의 살결, 손길

손사래 : 어떤 말을 부인할 때 또는 조용하기를 요구할 때 손을 펴서 휘젓는 모습

솔바하는 : 눈부셔 하는

솟음치고 : 솟구치고

솟쳐 : 솟구쳐 올라

수룻한 : 부드러운

수즈운 : '수줍은' 의 시적 표현

수지읍게 : '수줍게' 의 시적 표현

순살결 : 자연스럽게 빛나는 길의 모습을 살결로 비유한 말

순애기 : 식물의 어린 싹을 말함

순처녀 : 순진하고 순결한 처녀

숫몸 : 숫처녀 몸

숫바다 : 파도가 거센 바다

숲새 : 숲에 사는 새

쉬멋없이 : 쓸쓸하고 처량하게

쉬어진 : '시들어 죽은' 의 옛말

스름스름 : 슬금슬금, 천천히

스멀스멀 : 작은 벌레 따위가 살갗 위를 기는 것같이 근질근질한 느낌이 드는 상태

슬픔씨 : 슬픔의 씨앗, 슬픔이 싹트고 자라는 모습을 씨앗으로 비유하여 표현한 말

슬픔주머니 : '슬픔으로 가득 찬 주머니' 의 비유적 표현

슬픗 : 슬며시, 살포시

슴배인 : 스며 배인

습습한 : 촉촉이 풍겨나는

시간꽃 : 시간의 꽃, 시간의 흐름을 꽃 피우는 일로 비유한 말

시궁치 : 더러운 물이 질척이는 시궁창

시끌사끌 : '시끌시끌' 의 시적 표현

시나브로 : 모르는 사이에 조금씩, 하염없이 쓸쓸하게

시들픈 : 시들하면서도 고달픈

시르마음 : 눈 따위가 시린

시름진 : 시름 쌓인

시멋없이 : 망연히, 아무 생각 없이, 쓸쓸히

신푸녕스러운 : 근심, 걱정이 너무 많아 자질구레한 일을 돌아 볼 마음의 여유가 없는

실겁고 : 거짓없이 진실하고

실비 : 가랑비

실잠 : 가느다란 잠

실핏줄그리움 : 가느다랗게 끊이지 않는 진한 그리움을 비유한 말

싸묵싸묵 : 조금씩 흔들리며 나아가는 모습을 표현하는 부사어

싹쓸바람 : 매우 거세게 부는 바람

쌈판 : '싸움판' 의 준말

써금써금한 : 썩어서 흐무러지는 듯한 모양

썰멍한 : 초라하고 외롭게 서 있는 모양

쏟뜨리다 : '쏟다' 의 강세 표현

쓰레한 : 쓸쓸한

쓸슬한 : 쓸쓸하고 허전한

씀씀한 : 무미無味한

씨알 : 씨와 알의 합성어, 생명의 핵심을 상징한 말

아굿아굿 : 은근하게

아드막하여라 : 아득히 멀어라

아련하게 : 희미하게

아롱다리 : 아롱다롱, 잘
아롱아롱 : 점이나 줄이 솜솜하게 무늬를 이루고 있는 모양
아르대다 : 눈앞에 어른거리다
아름슬픈 : 아름답고 슬픈
아름참 : 아름답고 참다움
아름한 : 아른거리는
아리아리 : 무엇이 아련하게 흔들리는 모습
아몰아몰 : 보일 듯 말 듯 아련히 움직이는 모습
아스라이 : 까마득 멀리, 아슬아슬하게 멀리
아스무리 : '아슴푸레하게' 의 시적 표현
아슴아슴 : 기억에 똑똑히 떠오르지 않고 좀 느릿느릿하게
아심찬한 : 고마운, 감사한 마음이 훈훈한
아아라한 : 높이 솟아 있는, 아득하고 먼
아아라히 : 아슬하게 먼, 아슬아슬 운치 있게
아아한 : 산이나 큰 바위 같은 것이 아슬아슬하게 치솟은 모양
아야 : 터키어로 'Hagia' 로서 '지혜' 라는 뜻
아우라지 : '함께 어울려라' 는 뜻
아픔밭 : '아픔이 자라는 밭' 으로 마음을 비유한 말
아픔신기 : 내면의 고통스런 정황을 비유적으로 표현한 말
아픔씨 : 아픔의 씨앗, 고통의 근원, 아픔을 형상화한 말
안개비 : 안개와 같이 자욱히 내리는 비
안개이불 : 안개가 자욱이 덮인 현상
앙그러진 : 맺힌

앙버티는 : 힘들게 버티는

애가슴 : 어린아이 마음처럼 순진하고 순수한 마음

애뜯는 : 애끓는

애매로운 : 애매모호한

애살프시 : 매우 살며시

애시러운 : 애달프고 가슴 쓰린

애연한 : 애처롭게 아름다운

애오라지 : 오직, 오로지

애저린 : 애처롭고 간절한

애호운 : 사랑하는

앵두가슴 : 처녀의 예쁘고 달뜬 가슴

야멸차게 : 태도가 오달지고 차갑게

얄상한 : 얄팍한

어둠살 : '어둠의 두께' 를 감각적으로 표현한 말

어둠운판 : 어둠과 운판(절에서 식사 시간 등을 알리기 위하여 치는, 구름 모양을 새긴 금속판)의 합성어

어둠절벽 : 아주 큰 절망, 절망을 형상화한 말

여름사랑 : 여름의 태양처럼 뜨거운 사랑

여울치다 : 물살이 빠르고 세게 움직이는 모습

어둠푸름 : 푸르스럼 어두운

어듸바루 : 어디쯤

어머니강물 : 어머니를 생명의 원천이 되는 강물로 비유한 말

어슴새벽 : 어슴푸레한 새벽녘

어즐은 : 어지러운, 매우 산만한

억새비탈 : 억새가 많이 피어 있는 비탈

얼뿌리 : 정신이 살아 있는 뿌리

얼음고개 : 넘기 힘든 모습을 얼음과 고개로 형상한 말

얼음바늘 : 얼음처럼 차고 날카로운 바늘

얼음썩는 : 얼음같이 찬

얼음아픔 : 얼음처럼 차고 날카로운 아픔

얽흐러져 : '얼크러져' 보다 심하게 얽힌 상태를 나타낸 조어

엄돗는다 : 싹튼다

엉서리 : 사이, 가운데

에도는 : 바로 가지 못하고 돌거나 어떤 둘레를 빙빙 돌다

에후리었네 : 꽃이 무리 지어 활짝 피어 있네→에후리다

여낙낙 : 여유 있고 넉넉한 모습

여려한 : 여리고 예쁜

여릿여릿 : 천천히 움직이는 모습

여직 : 아직, 미처 이르지 못한 것을 기다린다는 뜻

여흘여흘 : 감돌아 흐르는 물굽이를 표현한 의성 의태어

연연한 : 안타깝게 그리워하는

열꽃 : 열이 나는 모습을 꽃으로 비유한 말

예도느닌 : 여기저기 떠도는

예돌다 : 떠돌다, 여기저기 떠돌다

예든 : 가던

오롱조롱 : 몸피 작은 여럿이 모양과 굵기가 각각 다른 꼴

오목가슴 : 접히고 눌린 마음을 비유한 말

오불고불 : 이리저리 고르지 않게 꼬부라진 모양

오솝소리 : 다소곳하게, 얌전히

오요한 : 그윽이 빛나는

올오롯이 : 가만히 오래 기다리고 있는 모양

와지락 : 왁자지껄

외로때로 : 홀로거나 무리 짓거나 하며

요량 : 생각하여 헤아림

요즈막 : 요즈음에 가까운 얼마간

우글쩍거리는 : 우글거리는 것처럼 느끼는

우레 치다 : 천둥 치다, 매우 큰 소리의 박수를 비유적으로 이르는 말

우련한 : 마음이 울적한, 모양이나 색깔이 보일 듯 말 듯 희미한

우줄활활 : 우쭐거리며 살아 있는 듯 흔들리는 모습

울력한다 : 힘을 합하여 기세 좋게 일한다

울음꽃 : 슬픔이 응결되어 꽃이 된 상태의 시적 표현

움치는 : 움츠리는→움치다

움피다 : 싹이 트다

웅수리고 : 웅크려 숙이고

원통세월 : 원통함으로 점철된 세월

으긋이 : 은근하고 끈질기게

으릇함 : 외롭고 쓸쓸함

은산철벽 : 불교 선종의 말, 엄청난 장벽

은하동굴 : 블랙홀을 비유한 말

은하바다 : 은하수 바다

음삼한 : 음침하고 삭막한

음악의 수풀 : 음악 소리가 그윽이 흐르는 상태를 형상한 시적 표현

음음한 : 음산하고 차가운

읍저리는 : 읊조리는

의대고 : 의지하고 기대고

의초롭게 : 의롭고 다정하게

의희한 : 어렴풋이 희미한, 썩 그럴싸한

이륵이륵 : 이리저리 한꺼번에

이슥한 : 밤이 깊은

이슷이 : 호젓이

이엄이엄 : 잇고 이어서

이우는 : 기우는, 이지러지는

이쳐 대는 : 가볍게 밀쳐 대는

일렁흔들 : '일렁거리다' 와 '흔들거리다' 를 합성한 조어

자근자근 : 조금 성기실 정도로 은근히 자꾸 귀찮게 구는

자름자름 : 조금씩 보기 좋게

자자히 : 왁자하게, 매우 깊이

자잔한 : 잘디잔, 작고 여린

잔조로운 : 잔잔하고 조용한

잠방거리다 : 새 따위가 물에 발을 담갔다 뺐다 하는 소리

잠살포시 : 잠결에 살짝

잽씨빨니 : 재빠르게

잿뜨시 : '재빨리' 의 함경 방언

저녁답 : 저녁 무렵

저녁살 : 저녁 햇살, 노을

저음의 등불 : 흐릿한 등불을 소리로 감각화한 말

절벽가슴 : 절망과 분노의 상징

정가로운 : 맑고 정다운

정금고요 : 절대고요

정여울 : 정이 감돌거나 넘치는 모습

정화수 : 이른 새벽에 길은 맑은 샘물, 정한수

젖은 가슴 : 사랑과 정이 촉촉이 담긴 모습을 뜻하는 시적 표현

젖은 손 겨운 짐 : 가족을 위해 힘겨운 줄 모르고 헌신하는 한국의 어머니상을 비유한 말

조근조근 : 자세하고도 차례가 있게 일하는 모양

조마로운 : 마음이 안타깝고 간절한

조바슴 : 조바심

조약별 : 조약돌처럼 이름이 없는 별, 작은 별

조요 : 밝고 환하게

조요조요 : 비치어서 조용히 빛나는 모습

좁쌀마음 : 매우 좁은 소견과 도량을 비유한 말

즈런즈런 : 천천히

지도는 : 험한 길에서 바위 따위에 등을 대고 돌아가는

진노을 : 짙은 노을

진진하다 : 끊임없이 솟아나듯 많다

질녘 : 해 질 녘

집살이 : 급한 일에 쫓기지 않고 집에서 편안히 쉴 수 있는 생활

쪽잠 : 짧은 틈을 타서 불편스럽게 자는 잠

찌꼬만 : 작고 작은, 매우 작은

차단한 : '차가운' 의 시적 표현, 인정 없이 쌀쌀한

찰름거리다 : 찰랑거리다

창틈사리 : 창틈 사이

천둥벌거숭이 : 두려운 줄 모르고 철없이 덤벙거리거나 대드는 사람

천품한 : 하늘이 낸 듯한 기품이 있는

철길가슴 : 철길처럼 길게 이어진 마음을 철길로 비유한 말

초록기쁨 : 신록의 아름다움, 생명감을 형상한 말

초록별 : 새로 별이 뜨는 모습을 미화한 말

초록비 : 생명의 비

츤츤한 : 칙칙한

칠흑절벽 : 전혀 앞을 볼 수 없는 절망적 상태

카랑카랑 : 쇳소리가 섞여 맑게 울리는

칼날바람 : 날이 선 것처럼 매서운 바람, 칼바람

칼바람 : 맵고 찬바람을 비유한 말

켜묵은 : 겹겹이 오래된

크작은 : 크고 작은

큰악한 : 매우 큰, 크낙한

투술한 : 투박하고 우둘두툴한

티끌세상 : 속된 세상을 뜻하는 시적 표현

파글파글 : 꽃 같은 것이 소담하고 생기 있게 피어난 모양

파도기둥 : 강풍 때 파도가 높이높이 솟아올라 기둥이 되는 모습을 비유한 말

파도밭 : 물이랑이 넘실대는 바다를 밭으로 비유한 말

파도보래 : 파도가 일으키는 물보라

파르롬은 : '파란' 의 시적 표현

파름한 : 희끄무레하면서도 아주 엷게 파르스름한

파슬거리다 : 빨리 으스러지다

팍팍한 : 인정이 메마르고 인심이 각박하여, 목이 마른

퍼들찍 : 물고기가 꼬리를 몹시 세차게 움직이는

퍼언히 : 아주 훤히, 막힘없이

포스근히 : 포근하고 아늑하게

포시랍다 : 보드랍고 따뜻하다

포실눈 : 함박눈

폴폴한 : 가볍게 움직이는 모양

푸른 세상 : 자유롭고 평등한 세상

푸여나는 : '피어나는' 의 시적 표현

풀꽃 : 풀의 꽃

풀잎바람 : 가볍게 살랑거리는 기분좋은 바람

품겨 주니 : 품에 안겨 주니

풋마음 : 풋풋하고 싱그런 마음

풋물 : 봄철 새순이 오르는 풀물

풋여린 : 경험이 없어 여리고 약한

풋풋한 : 싱싱하고 상큼한

풍등한 : 매우 넉넉한

풍양한 : 풍년이 들어 곡식이 꽉 여문

풍진세상 : 바람에 날리는 티끌, 세상의 속된 일

피로로운 : 매우 피곤한, 피로하여 마음이 무거운

피보라 : 피가 솟구치는 처참한 모습

피보래 : 피의 소용돌이

하냥 : 언제나, 늘상

하늘골목 : 하늘로 열려 있는 길을 가리키는 시적 표현

하늘그물 : 하늘을 뚫어져라 바라보는 행위를 하늘에 그물이 쳐져서 거기에 시선이 붙잡힌 것으로 표현한 말

하늘문 : 하늘 속으로 통하는 문, 즉 우주의 비밀로 이어진 문을 형상한 말

하늘성당 : 성스러운 하늘을 표현하기 위해 하늘을 성당에 비유한 말

하늘악기 : 인간을 초월한 신성의 음을 내는 악기, 하늘의 악기

하롱하롱 : 꽃잎 따위가 가볍게 날리는 모습

하르르 : 무엇이 가볍게 날리는 모습

하릇한 : 허여스름한

하맑은 : 아주 맑은

한껏 : 한도에 이르는 데까지, 최대로

함성보라 : 함성 소리가 바람을 타서 더 크게 들림

함함이 : 함치르르하게, 곱게 윤이 나게

항덩어리 : 한 덩어리로 만들려는 크게 뭉쳐진 덩어리

해뜰랑 : 해 뜨는 시간

해름참 : 해거름 때, 해 질 무렵

해바른 : 해가 잘 비치는

해살거리다 : 장난스럽게 일렁거리다

해설풋 : 해가 기울 무렵, 해설피

해아침 : 해가 훤히 뜨는 아침

해어름 : 해 질 녘

해으럼 : 저물녘, 해 질 무렵

해적해적 : 가볍게 살랑살랑

해정한 : 깨끗하고 맑은

해종일 : 하루 종일, 온종일

해질랑 : 해 질 시간↔해뜰랑

햇발 : 사방으로 뻗친 햇살

햇빛신부 : 햇빛이 밝고 순결하게 빛나는 모습을 비유한 말, 여자가 햇빛을 받음으로써 막 결혼한 신부가 되는 이미지를 형상한 말

햇살대롱 : 햇살을 둥근 대롱으로 비유한 말

햇살등지 : 햇살을 둥지로 비유한 말

햇씨 : 햇살, 햇빛을 씨앗으로 비유한 말

향그러히 : 향내가 맑고 은근하게

향글음 : 향그른('향기로운'의 섬세한 시적 표현)의 명사형

향미로움 : 향기롭고 감미롭다는 뜻의 시적 조어

향초로워라 : 향기로운 풀잎처럼 향기로워라

허공절벽 : 도달하기 어려워 보이는 목표를 '허공'과 '절벽'으로 비유한 말

허랑한 : 하염없이 헤매는

허서그픈 : 서글프고 허망한

허이연 : 색이 바랜

허정이고 : 비틀거리고

헌걸찬 : 대단히 헌거로운(풍채가 좋고 의지가 당당해 보이는)

헐굶은 : 헐벗고 굶주린

험험한 : 땅의 지형이 평이하지 않아 거칠고 가파른

호롱호롱 : 작은 불빛이 가느다랗게 흔들림

호매론 : 호탕하고 인품이 뛰어난

호얏불 : 등불

호이호이 : 휘휘 가볍게

호출대다 : 가볍게 흔들어 대다

호쾌하게 : (성격이) 매우 활발하고 시원시원하게

혼매한 : 어둡고 어리석어서 아무것도 모르는

혼비고향 : 몹시 놀란 모습

화살짓는 : 화살처럼 쏟아지는

화안히 : 환하게

화엄등불 : 깨달음이 충만한 등불

화엄세상 : 보람과 깨달음이 충만한 더할 나위 없이 아름다운 세상

화엄황혼 : 자연의 장엄한 아름다움을 화엄에 비유한 말

황진풍진 : 누런 먼지가 가득한 먼지바람, 고난과 시련을 상징하는 표현

황혼밭 : 황혼이 넓게 퍼져 내리는 모습을 밭으로 비유한 말

훗훗한 : 훈훈하고 포근한

휘늑청 : 탄력성 있게 늦어진 모양

휘뿌리는 : 바람에 마구 날려 뿌려지는

휘어롭다 : 휘영청 밝고 빛나는 모습

흐던하고 : 흐벅진, 넘치는

흐던흐던 : '흐던한' (흐벅한, 넘치는)의 강세 표현

흐득이는 : 검게 짙은

흐므진 : 아주 익어서 무르익은

흐벅진 : 흐드러진

흐푸성스럽고 : 역겹고 짜증나는

흥건나히 : 홍취가 나서 즐겁게

흥건히 : 물 같은 것이 잠기거나 괼 정도로 많게

흥그러워지는 : 흐뭇하고 홍취가 나는, 홍이 나 너그러워지는

흩뿌리다 : (가루나 낙엽들이) 흩어지며 뿌린다

희나리 : 생장작, 채 마르지 않은 나무

희날고 : 휘휘 가볍게 날고→휘날다

희뿌연 : 흐릿하게 뿌연

흰세월 : 늙은 세월, 나이 든 모습을 비유한 말

힘스레 : 힘을 주어

시인 김효중

충남 부여 출생
서울대학교 문리과대학 국어국문학과 졸업
문학박사 현재 대구가톨릭대학교 명예교수
2009년 『시와시학』으로 시인 등단
시집 : 『시보다 아름다운 꽃 어디 있으랴』,
『화살, 그리움을 쏘다』
『침묵의 돌이 천년을 노래한다』(2013년 문화체육관광부 우수교양도서)
저서 : 『새로운 번역의 패러다임』(학술원 우수도서) 외 다수

E-mail : glarakim70@hanmail.net

빛보래 허공을 찢고

지은이 | 김효중
펴낸이 | 김재돈
펴낸곳 | 도서출판 시와시학
1판1쇄 | 2013년 12월 25일
출판등록 | 2010년 8월 10일
등록번호 | 제2010-000036호
주소 | 서울 종로구 명륜동1가 42
전화 | 744-0110
FAX | 3672-2674

값 10,000원

ISBN 978-89-94889-64-1 03810